LES ARTISTES,

LES EXPOSITIONS,

LE JURY,

Par Henri LE SECQ.

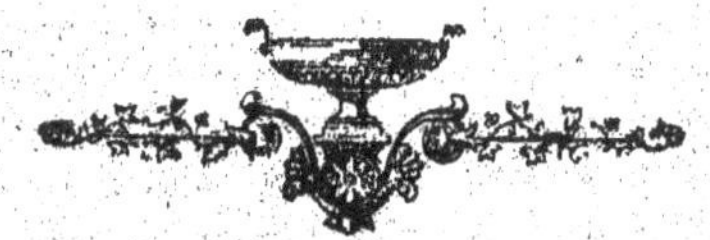

PARIS,

A. CADART & F. CHEVALIER,

ÉDITEURS-GÉRANTS DE LA SOCIÉTÉ DES AQUA-FORTISTES,

Rue Richelieu, 66.

1863

LES ARTISTES,

LES EXPOSITIONS,

LE JURY,

Par Henri LE SECQ.

PARIS,

A. CADART & F. CHEVALIER,

ÉDITEURS-GÉRANTS DE LA SOCIÉTÉ DES AQUA-FORTISTES,

Rue Richelieu, 66.

1863

ORLÉANS,

IMPRIMERIE DE GEORGES JACOB,

Rue Bourgogne, 220.

(C.)

LES ARTISTES,

LES EXPOSITIONS,

LE JURY.

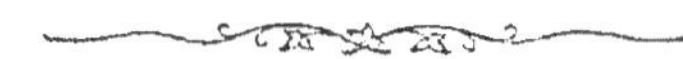

En France, les questions administratives relatives aux beaux-arts excitent toujours un vif intérèt, surtout au moment où s'ouvrent les Expositions ; puis, à la fermeture des salons, il semble que toutes ces questions soient oubliées, et l'on aboutit à ces mots : Tout est pour le mieux.

Telle n'est pourtant pas l'opinion générale.

Aussi l'intérêt des artistes, dont le nombre considérable augmente tous les jours, l'intérêt des arts eux-mêmes que nous aimons, nous invitent à exprimer franchement nos espérances sur leur avenir. Nous sommes donc heureux de nous joindre devant le public à tous les soutiens d'une si noble cause.

Puisqu'il est malheureusement reconnu que l'on doit réglementer les arts, nous soumettons à la fin de cette brochure de nouvelles combinaisons administratives conformes aux exigences, aux besoins de notre époque. Mis en pratique, c'est là notre espérance, ces nouveaux réglements arrêteraient sans aucun doute la pente irrésistible, fatale, qui entraîne les arts vers la décadence, et condamne la grande majorité des artistes à la misère ! Sous une illustre et généreuse impulsion, aujourd'hui que tant d'efforts sont dirigés vers le progrès et tendent à l'amélioration du bien-être individuel, n'est-ce pas un devoir pour chacun d'émettre les idées qu'il croit utiles à ce double point de vue ?

Malgré l'inexpérience de notre langage, peu habitué à se faire entendre, nous venons remplir ce devoir dans toute la sincérité de notre âme.

L'Exposition des beaux-arts est un grand concours offert par le gouvernement aux peintres, sculpteurs, architectes, graveurs, lithographes, etc., etc., pour y produire leurs œuvres. C'est une lutte pacifique dans laquelle des récompenses excitent de généreuses ambitions, et engagent les artistes à de courageux efforts ; mais cette institution, créée dans un but louable et utile, établie pour tous, n'est-elle pas éloignée de son but lorsque le jury, à tort ou à raison, vient priver tant d'artistes des avantages de la publicité ?

Sera-t-il donc à jamais nécessaire et indispensable que beaucoup d'exposants (et Dieu sait quel nombre !), peu de jours avant l'ouverture du Salon, reçoivent une lettre ainsi conçue :

« Monsieur,

« J'ai le regret de vous annoncer que les ouvrages présentés par vous à
« l'Exposition des beaux-arts de 18. . , et enregistrés sous les n⁰ˢ . . . . .
« n'ont pas été admis par le jury. »

Ces malheureux, exclus de l'Exposition, ont eu cependant, comme les autres artistes, des frais de toute nature à supporter : les frais d'existence d'abord ; ensuite les peintres ont dû payer leurs modèles, leurs toiles, leurs couleurs, leurs voyages, et leurs cadres qui leur sont rendus écornés, brisés, etc., etc.; les sculpteurs leurs marbres, leurs praticiens, leurs modèles, et les frais énormes d'aller et retour de leurs ouvrages à l'Exposition, etc., etc. Tous enfin ont acquitté le port de cette fatale lettre qui est venue leur annoncer que le fruit de leurs études et de leurs longs travaux était perdu !

Et, comme dédommagement à tous ces sacrifices, on ne leur accorde même pas un droit d'entrée pour cette Exposition, qui leur permettrait au moins de venir étudier et admirer *gratis* les œuvres que le jury leur a préférées. Si l'on entend dire « qu'il est indigne d'une Exposition nationale de marchander « ainsi avec ses artistes et avec ses enfants, » pourra-t-on répondre que ces refusés de tous les âges n'ont plus droit au titre d'artistes ? Et cependant ce même jury avait semblé leur conférer ce titre, en admettant leurs ouvrages aux précédentes Expositions, cinq, huit, dix fois peut-être !

D'où vient ce contre-sens ?

Comment se fait-il que tels ou tels artistes connus déjà depuis longtemps, ayant souvent exposé, ayant été récompensés même, soient refusés en tout ou en partie ? On énumère ces noms exclus du concours ; on compte les blessés, les morts, et tous ceux qui réfléchissent sérieusement se demandent s'il a été vraiment possible au jury de remplir dignement sa mission, si *le sort, l'avenir, la vie entière des artistes n'ont pas été le jouet des hasards !*

De son aveu même, le jury se plaint d'avoir trop d'ouvrages à juger, et trop peu de temps pour les juger sérieusement.

En effet, rien n'est plus difficile à apprécier qu'une œuvre d'art : chacun n'a-t-il pas ses préférences marquées pour telle ou telle école, tel ou tel genre ? Le même ouvrage est jugé bon par les uns, mauvais par les autres. Ce maître, que l'on admire aujourd'hui, n'a-t-il pas vu ses œuvres refusées pendant nombre d'années ? Cet autre n'est-il pas mort sans avoir été compris de son époque ? Les grands noms portés aux nues au commencement du siècle, ne sont-ils pas dédaignés aujourd'hui ?... Et la plus grande difficulté ne consiste pas dans le choix des meilleurs ouvrages (les moins expérimentés pourraient le faire), mais bien dans celui des œuvres secondaires ; aussi, on reste confondu, quand on considère en détail une Exposition, de voir des œuvres aussi faibles, aussi mauvaises même, lorsque les juges ont été pour quelques-unes si sévères.

C'est qu'en vérité le jury, tel compétent qu'il ait été, en admettant que son goût personnel ait été mis de côté, n'a pu apprécier irrévocablement, en dix ou douze journées, six à sept mille œuvres d'art : la force physique n'y pourrait suffire. Quand on a fixé son attention pendant une heure ou deux, les yeux s'éblouissent, la tête se fatigue ; et chaque séance du jury, dont les membres ne sont plus jeunes, est de six à sept heures ! Dans de telles conditions, une sentence juste, impartiale, est donc matériellement impossible ; et cependant une sentence quelconque est prononcée, sans appel, sans motifs donnés !

Les juges ne sont donc pas des juges !

N'avons-nous pas le droit de formuler de sévères paroles ? Ne sommes-nous pas dans le vrai ? Les jugements sont loin d'avoir été toujours ratifiés : le jury s'est déjugé bien souvent lui-même à différentes Expositions ! Combien d'artistes, dix fois refusés, arrivant un jour devant le public, ont été accueillis par lui avec une faveur qui ne s'est point démentie ! Combien d'artistes, dix fois admis, récompensés même, refusés aujourd'hui ! Pourquoi ?

Être admis plusieurs fois dans les Expositions, avoir même une récompense, n'est pas au XIXe siècle un droit moral suffisant pour être en possession définitive du titre d'artiste.

Le jury lui-même, par l'abstention d'une partie recommandable de ses membres, tels que MM. Ingres, Horace Vernet, Abel de Pujol, Léon Coignet, Eugène Delacroix, Couder et cinq ou six autres, prouve suffisamment que l'institution est encore imparfaite. Cette abstention n'équivaut-elle pas à une protestation (1) ?

Jusqu'à présent, a-t-on bien réfléchi au tort énorme que font à l'artiste ces refus au Salon? Connaît-on ceux que les verdicts ont frappés?

Il en est de jeunes, qui ont senti en eux une vocation véri-

---

(1) Paul Delaroche, qui avait un si grand nombre d'élèves, et dont la présence au jury était un si grand devoir, Paul Delaroche avait pris le parti de ne plus se rendre à ces séances. Nous le savons de bonne source, et nous connaissons quelle fut sa pensée à ce sujet, nous qui avons travaillé longtemps dans son intimité à l'hémicycle de l'école des Beaux-Arts.

table et qui se sont voués à l'étude avec toute l'ardeur, toutes les illusions de leur âge. Ils ont une fortune médiocre le plus souvent. Mais qu'importe? n'ont-ils pas le feu sacré? ne rêvent-ils pas la gloire? Leur famille les applaudit, les encourage et sacrifie quelquefois tout, dans le présent, pour qu'ils puissent conquérir cet avenir qui leur apparait si brillant d'espérance!

Songe-t-on que détruire ces illusions, c'est étouffer le talent dans son germe? On se trompe rarement, nous dit-on; nous avons même lu quelque part le mot jamais! Qu'en sait-on? On fait accueil à des talents médiocres; on les encourage, on les dédaignera peut-être plus tard, et au même instant on frappe de mort une intelligence vraiment grande!

Mais si un artiste est vraiment fort, s'il possède l'imagination et le génie, il résistera, il entrera plus ardent dans la lutte, il puisera de nouvelles forces dans le combat, et tôt ou tard il en sortira vainqueur. Oui, cela peut arriver quelquefois; mais c'est toujours à un bien petit nombre. Le plus souvent, pour ne pas dire toujours, l'intelligence la mieux trempée se dégoûte; cet artiste si heureusement doué peut être d'un caractère timide, modeste, incertain dans ses débuts; il peut s'effrayer du jugement porté contre lui; découragé, il peut tomber pour toujours! Supposer que l'on ne puisse entrer dans les détails de son existence; penser à son désespoir, à sa famille, qui espérait tout de son succès, à la misère qu'il lui apporte, etc. Admettons que l'on n'ait pas ce souci; il en est un autre que l'on devrait avoir : si l'on s'est trompé, on a tué la gloire d'un homme, on a diminué d'autant la gloire d'un pays!...

Prenons maintenant des artistes qui ont fait leurs preuves : ceux-ci, on les connaît bien, on les a jugés dix fois, on leur a toujours été plus ou moins favorable ; ils ont paru dans toutes les Expositions ; ils ont un talent reconnu, incontestable ; ils ont eu des succès, des récompenses... Les jours de misère sont passés : leur famille a foi en eux ; elle est heureuse de leurs succès et vit tranquille, bien assurée de leur avenir. Voilà que tout à coup ils sont refusés en tout ou en partie. On acceptait leurs ouvrages hier ; on les acceptera peut-être demain ; on les refuse aujourd'hui. Pourquoi? Mais leur talent n'a pu fléchir jusqu'au refus ! Ces œuvres, on les avait vues, on les avait admirées, on les avait pour ainsi dire acquises d'avance ! Peu importe ! personne du jury n'y a songé ; elles sont passées inaperçues sous les yeux fatigués de leurs juges, qui ont prononcé sur elles leur arrêt inexorable : *Ces œuvres ne verront pas le jour !* Pauvres artistes ! le jury, bien légèrement peut-être, a prononcé contre vous : il a méconnu et vos droits moraux et la légitimité de vos antécédents ; il vous convie dans deux années à pareille épreuve, et ainsi de suite, hélas ! votre vie passera !

Refusés maintenant, que vont-ils devenir? Le public ne va pas dire que le jugement ne diminue pas le talent de ces artistes, les qualités de leurs œuvres : non. Il répétera ce mot terrible : *Refusé*. Il fait comme le jury. Son arrêt lui a mis le doute au cœur : il revient sur ses admirations, il n'achète plus, il ne commande plus, il se retourne vers ceux qui ont eu les juges favorables ; et ce sont des artistes, des confrères, qui, disposant ainsi de l'avenir de ces malheureux, les condamnent à de nouvelles luttes contre la misère, dont ils se croyaient sauvés !

L'intérêt des arts exige-t-il donc que la grande moitié des artistes meure de faim et soit ainsi sacrifiée à l'autre ?

Qu'entend-on alors bourdonner à ses oreilles ? « Travaillez, travaillez, vous obtiendrez la première médaille, vous obtiendrez la croix. Avec ces marques de distinction, vos ouvrages ne passeront plus devant le jury : vous serez libre. » Et c'est à des artistes qui ont passé quinze, vingt ans de leur vie dans le travail, que l'on tient un pareil langage !

Est-ce que tous doivent obtenir la première médaille ?

Est-ce que tous doivent obtenir la croix ?

Est-ce que tous les soldats arrivent aux plus hauts grades ?

Et cependant, aucun n'est exclu du champ de bataille. Vous, artistes, soldats des beaux-arts, le jury vous tue avant le combat, avant l'Exposition où le gouvernement vous conviait tous *devant votre grand juge, votre juge suprême : le public !*

Après quelque temps d'ennui, de découragement, l'espoir leur revient : ils reprennent leurs travaux ; mais ce ne sont plus les mêmes hommes. Qu'ils sont changés ! Ils ont réfléchi : ils cherchent la voie qu'il faut suivre pour se faire accepter. Le doute est dans leur âme ; ils hésitent, ils corrigent souvent des qualités qu'ils prennent pour des défauts. Leurs productions nouvelles sont froides, sans vigueur : ils ont perdu la verve, l'originalité, seul cachet du génie.

On sait que le prestige des grandes Expositions est immense, et que nulle part ailleurs la réputation d'un artiste sérieux ne peut se fonder; voilà pourquoi tant d'hommes luttent si long-temps contre ces refus du jury, qui ne leur apportent que la misère en échange de leurs travaux.

On les voit ensuite tantôt admis, tantôt refusés, las de faire des sacrifices, découragés, ne présentant plus leurs ouvrages aux Expositions; ils n'osent même plus *entreprendre aucune œuvre importante :* ils craignent avec raison d'avoir toujours le même sort. Ceux qui ont quelque fortune renoncent complète-ment aux arts; les autres, pour vivre, sont obligés de faire du commerce, de donner des leçons, et même d'enluminer et de retoucher des portraits photographiés, car on sait que la photographie a fait un tort considérable à la peinture, et a tué particulièrement le portrait, autrefois le gagne-pain de l'ar-tiste!

Et cependant les peintres, les sculpteurs, les architectes existent encore; mais les artistes sont disparus!

Telle est la position actuelle des artistes et des arts vis-à-vis d'un jury qui dépasse aujourd'hui sa mission; car, dans l'ori-gine, il fut institué non pas pour juger les beaux-arts légère-ment et cavalièrement à son point de vue, mais seulement pour éliminer des Expositions *les œuvres immorales,* les ou-vrages *complètement nuls ou ridicules,* et *ceux touchant de trop près à la politique.*

Pourquoi donc l'artiste, au début dans la carrière, après des examens sérieux, ne pourrait-il pas obtenir *un brevet de capacité, un titre d'artiste,* qui lui conférerait le droit d'exposition, c'est-à-dire le droit d'être responsable toute sa vie de ses œuvres devant le public?

Pourquoi donc l'artiste qui n'aurait pas suivi la même route que le précédent, mais dont les œuvres auraient été reçues deux ou trois fois aux Expositions, pourquoi n'obtiendrait-il pas le même privilége?

Les études, pour devenir un artiste sérieux, sont tout aussi longues, tout aussi difficiles que celles qui conduisent au doctorat en médecine, par exemple, et cependant le docteur obtient, jeune encore, un diplôme qui l'autorise toute sa vie, devant le public, à exercer une profession qui n'est pas tout à fait sans danger pour l'humanité.

L'artiste est donc jugé pour ce même public bien plus dangereux que le médecin, puisque toute sa vie on le contrôle, on le condamne sévèrement et sans aucun égard. Le fait est curieux! Où est ici la justice? Pour lequel l'institution du jury serait-elle rigoureusement nécessaire?

En passant en revue d'autres carrières, entre autres celles de l'avocat, du notaire, de l'agent de change, etc., etc., nous voyons que les preuves de capacité exigées pour chacune de ces professions confèrent une position stable et un titre à jamais acquis.

Pauvres artistes! ne pourrez-vous donc jamais jouir d'un avantage analogue?

Nous avons entendu dire qu'il est bon, qu'il est utile que ceux qui s'occupent d'art, tel talent qu'ils possèdent, soient avertis, soient dirigés ; s'ils viennent à faiblir, les refus au Salon ne sont pour eux qu'un avertissement salutaire.

Un semblable argument en faveur d'un jury qui ne peut juger sérieusement (nous l'avons assez prouvé) n'est qu'une amère dérision. Quel est donc celui, fût-il le plus grand, le plus fort, qui aura le bonheur de posséder cette infaillibilité du talent ?

Parce que des artistes ayant fait leurs preuves n'auraient pas aussi bien réussi que de coutume dans leurs œuvres d'aujourd'hui, ne pourraient-ils pas se relever glorieusement dans leurs œuvres de demain si le jury actuel n'était pas là ? A notre sens, l'exposition de leurs ouvrages devant le public, *le seul vrai juge,* aurait été pour eux cet avertissement profitable, tandis que nous avons suffisamment démontré que leur refus jette le trouble dans leur âme, paralyse leur talent, les voue à la misère en les anéantissant devant le monde jusqu'au surnom *d'artistes manqués !*

On a dit encore : « Mais on ne peut recevoir tout le monde. » Si tous les artistes ne produisaient que de grandes œuvres, des œuvres capitales, cet argument aurait-il même quelque valeur ? Non ; car on devrait toujours aviser aux moyens de respecter tous les droits. Mais combien de petits ouvrages, de petites toiles, n'a-t-on pas refusés ? On ne peut pas dire, en les refusant, qu'elles occuperaient trop de place : l'espace ne manque pas au Palais de l'Industrie ; c'est une halle immense qui au besoin pourrait contenir un nombre considérable d'objets d'art, et satisferait ainsi à tous les droits.

D'ailleurs, pour éviter l'encombrement, pourquoi ne réduirait-on pas pour toujours au nombre de un, deux ou trois au plus, comme cela s'est déjà fait (1), le chiffre des œuvres que chaque artiste pourrait exposer? Trois ouvrages sont bien suffisants pour se faire connaître, et chacun aura bien soin d'envoyer ses meilleures productions, puisque le plus grand nombre sera responsable de ses œuvres et n'aura plus le couvert du jury pour cacher ses faiblesses.

En effet, limiter au nombre trois le chiffre d'ouvrages que chaque artiste pourra exposer est une mesure indispensable dans l'intérêt des arts et des artistes eux-mêmes. Il est de toute évidence que ces trois ouvrages de chacun seront plus soignés, plus importants que dix ou douze, ainsi qu'on l'a vu souvent. Ceux qui produisent beaucoup, ceux dont la facilité est grande, n'auront-ils pas toujours les ressources des expositions particulières dans Paris, les vitrines des marchands? Leur liberté individuelle n'en sera nullement entravée. Seraient-ils, par cette mesure, engagés à mettre plus de temps à leurs œuvres, ou obligés d'en entreprendre de plus importantes? Quel en serait le mal? Nous ne voyons pas que leur talent ou leur réputation pourrait en souffrir, surtout avec une *Exposition annuelle*, que nous considérons comme la *base essentielle* de la question, et d'où dépend la *vitalité de l'art*.

(1) La question de limiter le nombre d'ouvrages que chaque artiste pourra exposer a été agitée pour la dernière Exposition; mais elle n'a pas été acceptée. On dit qu'on y reviendra cette année. Du reste, tout le monde se rappelle l'essai qui en fut tenté aux Menus-Plaisirs, et qui donna pour résultat l'Exposition la plus remarquable qu'il y ait eu depuis dix ans.

Pourquoi ne pas organiser une Exposition chaque année?

Les partisans de l'Exposition bisannuelle, nous a-t-on dit plusieurs fois, sont les satisfaits, ceux qui entourent le soleil et qui craignent une publicité pouvant faire surgir des concurrents. Nous ne pouvons le croire; nous ne pouvons leur faire l'injure de supposer dans leur cœur un tel égoïsme. On nous dit que l'Exposition bisannuelle est tout à fait dans l'intérêt de l'art, et surtout dans celui des artistes, *pour leur donner le temps d'entreprendre et d'exécuter de grandes œuvres*. L'argument n'est pas sérieux.

D'ailleurs, dans les conditions actuelles, l'année où l'on suppose les artistes occupés à préparer des productions importantes est souvent une année perdue. Ordinairement, c'est l'approche d'une Exposition qui les stimule; et enfin il n'y a que des imaginations libres qui soient capables de tenter ces grandes œuvres. Nous l'avons dit, la liberté leur manque; les coups imprévus du jury les arrêtent.

Plus on éloignera les Expositions les unes des autres, plus on s'éloignera du but que l'on se propose.

Au contraire, en les rapprochant le plus possible, c'est-à-dire avec une Exposition chaque année et des réformes sérieuses comme nous les indiquons dans nos conclusions, quel sera l'artiste consciencieux et libre qui, voyant le temps lui manquer pour terminer son œuvre avant l'ouverture du Salon, n'attendra pas à l'année suivante pour achever sa statue, son tableau, sa gravure, comme il les rêve? Mais s'il lui faut, comme aujourd'hui, attendre deux années, il hésitera et ne pourra probablement pas se résoudre à rester quatre ans *sans publicité. Quatre ans!* mais c'est énorme! Supposez (ce qui arrive, sans aucun doute) des artistes échouant plusieurs fois devant le jury : leur carrière est perdue.

On peut donc maintenant en juger : l'organisation de la grande famille des artistes pèche complètement et radicalement par sa base ; elle n'est pas, elle n'existe pas. Devant un pareil état de choses, des réformes sérieuses sont donc indispensables.

Ce qui semblerait légitimer nos espérances, c'est que cette sorte de titre d'artiste que nous réclamons existe déjà en principe, car l'exemption faite aux artistes décorés et aux artistes premiers médaillés de passer devant le jury (premier pas fait dans la voie des améliorations) donne l'espoir que l'on ne s'arrêtera pas là. Cette décision ne date pas de loin : lorsque, ces années dernières, ces Messieurs passaient devant des juges, ils avaient aussi des œuvres refusées. On en a reconnu le ridicule, et on a eu raison. On a reconnu qu'ils devaient être seuls responsables de leurs œuvres devant le public, *lors même que leur talent faiblirait.* Espérons que le temps n'est pas éloigné où pareille justice sera faite à tous les artistes qui auront donné des preuves de talent (1).

Un mot encore.

Le jury qui a décidé tout à l'heure de la réception des œuvres d'art est le même qui distribue maintenant les récompenses. Ce travail sera-t-il mieux rempli que le précédent?

---

(1) Au moment où nous écrivons ces lignes, nous lisons dans le *Moniteur* que, cette année, ceux qui ont obtenu la seconde médaille seront exemptés du jury…. Le second pas est fait. Notons-le. Est-il fait pour toujours?

Le jury ne peut donner à chaque Exposition qu'un nombre très-limité de médailles de première classe, seules récompenses qui aient une signification positive, puisque seules elles exemptent les artistes de passer à l'avenir sous les yeux du jury. Peut-on penser que tous les artistes auront été récompensés selon leur mérite? Déjà il y a eu impossibilité matérielle, puisque l'on ne pouvait dépasser un certain nombre de premières médailles. Maintenant, comment pouvoir dire d'une manière infaillible que celui-ci mérite plutôt que celui-là? On donne à celui-ci une première médaille; on l'exempte à l'avenir du jury, on le rend libre, tandis que celui-là, qui le méritait également, aura peut-être ses ouvrages refusés à la prochaine Exposition.

Les récompenses limitées, les catégories de médailles, rappels de médailles, etc., ne sont que d'invention stérile pour l'encouragement des arts et ne leur donnent qu'un cachet de pensionnat. La croix d'honneur pour les œuvres hors ligne applaudies par le public, et une seule catégorie de médailles décernées à tous ceux qui l'auront méritée par les suffrages des artistes composant notre nouveau jury, seraient des récompenses plus en rapport avec la dignité des arts.

CONCLUSIONS.

Pour ne pas laisser à d'autres la gloire d'accomplir ces progrès qui, bien certainement, s'accompliront tôt ou tard, on déciderait :

1° L'Exposition des beaux-arts aura lieu tous les ans.

2° Le nombre des ouvrages que chaque artiste poura exposer sera limité au chiffre trois.

3° Tous les artistes, sans exception, tous les élèves des écoles qui consacrent leur vie à l'étude sérieuse des arts, qui ont une carte pour le musée du Louvre, ceux-là qui ont besoin de voir, d'étudier, ceux-là qui peuvent devenir des maîtres un jour, tous auront une carte d'entrée pour le Salon.

4° Avoir une récompense quelconque pour des œuvres d'art, être reçu par un jury sérieux, deux ou trois fois, aux Expositions, à n'importe quel âge, prouve qu'un artiste sait quelque chose, qu'il a fait ses preuves : alors on décernera un *titre d'artiste* à cet homme, c'est-à-dire le droit d'être responsable toute sa vie de ses œuvres devant le public.

5° A l'école moderne on donnera un jury de son époque.

Ce jury nouveau sera composé de juges tirés au sort parmi tous les artistes possédant leur diplôme, et âgés au moins de trente-cinq ans. Obligés d'assister aux séances, sous peine d'amende, les juges seront des peintres et des sculpteurs pour juger chacun peinture et sculpture, des architectes pour juger l'architecture, etc. Ce jury pourrait être par exemple de cinquante ou de cent artistes, divisés par sections de six ou douze, présidées soit par le directeur général des musées, soit par un membre de l'Institut. Chacune de ces sections fonctionnerait pendant une séance, et serait chaque jour renouvelée.

6° Le jury pour les récompenses sera constitué sur la même base. Toutes les sections réunies des jurys d'admission seront appelées.

7° Le public, pendant la seconde moitié de l'Exposition, pourra voir les œuvres récompensées.

8° Pour sauvegarder les bases essentielles de l'art, et aussi dans l'intérêt des jeunes gens de quinze à vingt ou vingt-cinq ans, et de tous ceux qui s'adonnent sérieusement à l'étude des beaux-arts, on fera chaque année une Exposition spéciale que l'on nommera : *Concours au titre d'artiste*. Elle sera publique, comme l'Exposition pour le prix de Rome. Le jury sera composé de professeurs de l'Institut, pour faire le choix des ouvrages. C'est là que ces dignes et heureux vétérans des beaux-arts pourront rendre de sérieux et d'éclatants services !

Les jugements seront sûrement rendus, puisqu'ils reposeront sur les principes fondamentaux de l'art, sur ce qui s'appelle vulgairement le bagage de l'artiste. D'ailleurs, les verdicts pourront être motivés, au besoin, devant les concurrents, et cela en toute justice et sans inconvénient aucun, puisque ce seront des élèves vis-à-vis des professeurs.

Les œuvres reçues dans deux ou trois de ces concours donneront le *titre d'artiste* à leur auteur, le *même diplôme* jouissant du même privilége que celui obtenu aux grandes Expositions.

De cette manière, un jeune homme qui n'aura pu réussir dans cette épreuve, ou ces épreuves, avant un âge fixé sera averti qu'il court bien des chances de ne jamais avoir de succès dans cette carrière. S'il persiste, il ne pourra s'en prendre qu'à lui-même, et non pas à une institution qui compromet aujourd'hui tant d'existences.

On éloignera ainsi de la voie des arts un grand nombre de jeunes gens, et cela en leur rendant un véritable service, puisqu'ils seront encore assez jeunes pour entreprendre une autre profession.

Mais tous ceux qui auront réussi dans ces concours, *tous* seront vraiment *artistes,* parce qu'ils auront *le droit* d'être eux-mêmes, et auront alors indubitablement *une position, une garantie* devant le public, comme *le médecin, l'avocat,* etc.

Tous les titres obtenus dans l'un ou l'autre de ces concours diminueront d'une manière considérable le nombre d'œuvres d'art passant sous les yeux du jury des Expositions. Les juges pouvant être aussi nombreux qu'on pourra le désirer, le travail pouvant être partagé en sections, ces jurys auront une tâche bien facile, les verdicts seront consciencieusement rendus, et les artistes auront alors des juges sérieux.

Enfin toutes ces nouvelles combinaisons, dont les bases reposent sur la vérité, le droit et la justice, seront d'autant mieux accueillies qu'elles auront une portée immense sur le

bien-être, l'avenir, la vie entière des artistes : toutes ces existences, dégagées d'inquiétudes, de soucis et de chagrins, ne
cesseront d'aspirer au bonheur, à l'espoir d'une noble réussite.
Le découragement n'existant plus, les efforts des travailleurs
seront incessants, les beaux-arts prendront un nouvel essor.

On ne criera plus à l'injustice. La valeur des chances, des
hasards et des protections aura singulièrement diminué ; le
vrai mérite aura ses droits. Tous les artistes admis dans
la grande famille, se sentant libres et forts dès le jeune âge,
sûrs de ne jamais être traités en enfants, seront des hommes
alors qui entreprendront sans crainte des œuvres sérieuses,
pour l'amour des arts et la postérité !...

LOTERIE

DE

L'EXPOSITION DES BEAUX-ARTS.

On nous permettra de dire aussi quelques mots sur la Loterie de l'Exposition nationale.

Cette idée toute moderne est une innovation heureuse, utile, indispensable même au bien-être des artistes, si nombreux aujourd'hui ; cette idée pourrait produire les meilleurs résultats si, comme nous le disions tout à l'heure à propos du jury, le but que l'on se propose était atteint.

En effet, le but de la Loterie est de venir en aide au plus grand nombre d'artistes possible.

Pourquoi donc acheter à des prix fabuleux certaines œuvres dites *gros lots,* souvent par le prix seul de leur acquisition ? Quand des artistes vendent leurs tableaux si cher, il n'est pas besoin de la Loterie pour placer leurs œuvres. Ces gros lots ne font pas prendre au public un billet de plus ; il sait fort bien que ceux qui auront le bonheur de les gagner auront aussi le malheur, s'ils ne peuvent les garder, de ne pouvoir en tirer le cinquième, le dixième peut-être de la somme que la commission les a payés.

Par là, on prive une quantité d'artistes du bien qu'on aurait pu leur faire ; avec cette même somme, les services rendus auraient pu être dix fois plus grands : que d'artistes encouragés d'abord, puis sauvés peut-être de la misère !

Le sort est aveugle et distribue presque toujours maladroitement ses faveurs, pour une loterie d'objets d'art surtout. Puisque c'est le public qui fournit les fonds nécessaires à l'acquisition des tableaux et des objets d'art, par le produit de ses entrées à l'Exposition ; puisqu'en définitive c'est pour *lui seul* que les artistes ont travaillé, pourquoi ne le laisserait-on pas libre de choisir lui-même les œuvres qui pourraient lui plaire? On se plaint beaucoup de donner un franc pour voir des tableaux, et nous trouvons que l'on n'a pas tort, surtout quand une famille est nombreuse. Pour donner plus d'attrait aux visites à l'Exposition, pourquoi ce *droit d'entrée* ne donnerait-il pas aussi *un billet de loterie?* Quand on saurait dans le public qu'un franc donne non seulement le droit de voir l'Exposition, mais encore un billet de loterie, personne ne regretterait plus ses entrées, et les doublerait, les triplerait plutôt que de les diminuer.

Une moitié du produit des billets constituerait le fonds spécial de la Loterie ; l'autre moitié serait affectée à l'acquisition d'œuvres capitales destinées aux musées, monuments publics, etc., etc., et choisies par les sections réunies du jury.

De cette manière on contrebalancerait l'influence de la Loterie, qui pourrait engager beaucoup d'artistes à travailler uniquement en vue des chances de placement qu'elle leur offrirait.

A la fin de l'Exposition, les numéros sortants, suivant l'ordre de leur tirage, attribueraient à leurs possesseurs une valeur déterminée d'objets d'art : soit trois ou quatre mille francs pour les premiers numéros sortants, soit deux mille francs pour les suivants, puis mille francs, puis cinq cents, etc., nombres à fixer d'après le chiffre des recettes (déduction faite des frais d'exposition, si le gouvernement ne peut les faire).

Alors, plus de commission avec l'embarras d'acquérir des lots au gré de tous ; on ne pourra plus se plaindre, dire qu'il existe des coteries, et la Loterie nationale des beaux-arts en France ne donnera plus au monde le triste spectacle de mendier pendant six mois le placement de ses billets.

Après le tirage des numéros gagnants, toutes les œuvres soumises au public par les artistes seront exposées avec les prix demandés par eux ; chacun des gagnants, d'après l'ordre du tirage, viendra tour à tour choisir, en échange de la valeur de son billet, la même valeur en un ou plusieurs objets d'art.

Ainsi, on doublera, on triplera l'attrait des visites à l'Exposition ; le public, sachant que les favorisés du sort pourront satisfaire leur goût personnel, chacun voudra posséder des billets, le goût des arts gagnera les masses, et l'attrait de la Loterie, ainsi que le bien produit, seront quintuplés.

A nos conclusions précédentes on pourrait alors ajouter :

1° Le franc perçu à la porte d'entrée de l'Exposition donnera au public un billet de loterie ;

2° Le public sera juge souverain pour l'acquisition des lots.

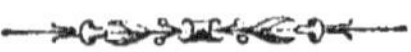